Inhalt

Organisations-Controlling - wichtiger Baustein für die Unternehmenssteuerung?

Kernthesen

Beitrag

Fallbeispiele

Weiterführende Literatur

Impressum

Organisations-Controlling - wichtiger Baustein für die Unternehmenssteuerung

Robert Reuter

Kernthesen

- Organisations-Controlling (OC) hat die Aufgabe, Strukturen und Prozesse im Unternehmen effizienter zu machen.
- Theoretisch liegen über OC einige Erkenntnisse vor, jedoch findet es in den Unternehmen noch kaum praktische Anwendung.
- Stichhaltige Informationen über die innere Effizienz eines Unternehmens erlauben es der Geschäftsleitung, die Zahlen für die Unternehmenssteuerung zu verwenden.

Eine jüngere Untersuchung hat gezeigt, dass der Professionalisierungsgrad des Controllings unmittelbaren Einfluss auf die Unternehmenssteuerung und damit auf den Geschäftserfolg haben kann.

Beitrag

Wenig Bedeutung in der Unternehmenspraxis

Wie auch andere Teildisziplinen des Controllings leidet das sogenannte Organisations-Controlling daran, dass Theorie und Praxis kaum zueinander finden wollen. Die Gründe dafür leuchten allerdings ein: Organisationsentwicklung ist schon alleine ein Feld, das in vielen Unternehmen infolge seiner Komplexität lieber ausgespart bleibt. So wird beispielsweise über Change Management zwar unendlich viel geschrieben und geforscht, doch muss die Wissenschaft konstatieren, dass ihre Ergebnisse von den im Unternehmen maßgeblichen Betriebswirten oft nur am Rande verfolgt werden. Ein Organisations-Controlling versetzt Unternehmensführer noch mehr in Skepsis, da hiermit nicht nur überschaubare Einzelbereiche, sondern die Organisation als Ganzes - inklusive ihrer Dynamik, ihrer Veränderung und den ablaufenden Prozessen - in Zahlen abgebildet werden soll. OC hat darum in die Unternehmen noch nicht richtig Eingang gefunden, auch wenn es Gegenbeispiele gibt. (1), (2)

Controlling immer noch wenig geschätzt

In das gängige Bild, dass theoretische Erkenntnisse der Controllingforschung von der Unternehmenspraxis oft weit entfernt sind, passt das Ergebnis einer im Herbst 2011 durchgeführten Umfrage des Magazins "Harvard Busineness Manager". Den Antworten der 135 befragten Top-Manager, Geschäftsführer und Controller zufolge bleibt die Arbeit der Controller in jedem zweiten Unternehmen für die Unternehmenssteuerung weitgehend ungenutzt. Untersucht wurde überdies, ob solche Unternehmen, die ihre Controllingergebnisse besser anwenden, mehr oder weniger erfolgreich sind als die Wettbewerber.

Herausgekommen ist bei der Untersuchung eine interessante Aufstellung unterschiedlicher Arten der Unternehmensorganisation. Die Autoren unterteilten die Firmen in autoritäre, autonome, reaktionäre, bürokratische und professionelle Organisationen. Die Untersuchung richtet sich zwar darauf, wie das Controlling für die Unternehmenssteuerung verwendet wird. Für das eigentliche Thema dieses Artikels, das Organisations-Controlling, ist die Darstellung dennoch hilfreich, da der Umgang mit den Controllern in den Unternehmen Rückschlüsse auch auf die Wertschätzung des Controllings für die Unternehmensorganisation zulässt. (1)

Unterschiedliche Verbreitung - von autoritär bis professionell

Kleinere Unternehmen bis etwa 5 000 Mitarbeiter werden der Untersuchung zufolge häufig von kleinen Führungsmannschaften geleitet, deren Führungsarbeit zuvörderst auf ihrer Autorität beruht. Controlling wird hier zwar zur Unternehmenssteuerung eingesetzt, jedoch nur hinsichtlich der Berechnung von Umsätzen und Erträgen. Ein weiter gefasstes Organisations-Controlling, das damit betraut wäre, Strukturen und Prozesse effizienter zu gestalten, gibt es jedoch kaum. Verlässliche Zahlen für die Beurteilung des Gesamtunternehmens liegen darum meist gar nicht vor. Bei anderen Unternehmen sind Controllingaktivitäten schon stärker vorhanden, jedoch fehlt es an einer zentralen Steuerung. Bei den von den Autoren als "autonom" bezeichneten Firmen werkeln mehrere Controlling-Abteilungen nebeneinander her. Zahlenmaterial, das für die Steuerung des Gesamtunternehmens herangezogen werden kann, liefern sie daher kaum.

Noch schlechter stehen die Controller in solchen Unternehmen da, in denen ihnen die Einflussnahme gleich ganz entzogen wird. Die vom "Harvard Business Manager" so bezeichneten "Reaktionären" haben die Unternehmenssteuerung ganz in die Hände der Geschäftsleitung gelegt oder vertrauen sie anderen Abteilungen wie etwa der Unternehmensentwicklung an. In großen Unternehmen hingegen - den "Bürokraten" - erfährt das Controlling eine hohe Wertschätzung. Da hier bereits schlechte Erfahrungen mit einer unterentwickelten Controllingorganisation gemacht wurden, ist das Controlling in Großunternehmen meist optimal organisiert und wird zentral koordiniert.

Den besten Wertbeitrag zum Unternehmenserfolg liefert das Controlling jedoch in solchen Unternehmen, die eine gute Mischung finden aus der Anwendung der vom Controlling ermittelten Zahlen und dem Verzicht auf das Zahlenmaterial. Die "Professionellen" unterwerfen sich nicht völlig dem Diktat der Controlling-Zielgrößen, sondern lassen fallweise auch mal "fünfe gerade sein". Dennoch nutzt das Management die Dienste des Controllings in hohem Maße, weil es über alle Gebiete und Funktionen hinweg verlässliche Informationen liefert. Diese Unternehmen haben fast durchgängig eine gehobene Marktposition, was den Wert eines in die Unternehmenssteuerung integrierten Controllings unterstreicht. (1)

Fehlende Grundlagen für ein systematisches Organisations-Controlling

Das Ergebnis der Untersuchung wirft auch ein Licht auf die Verbreitung von Organisations-Controlling. Die Nicht-Anwender sind hier klar in der Mehrheit, was auch die Autoren eines bereits 2008 erschienenen, aber immer noch lesenswerten Grundsatzartikels kritisch anmerken. Dennoch muss zwischen der Unternehmenssteuerung und dem Organisations-Controlling klar unterschieden werden. Während die Unternehmenssteuerung eher mit Daten aus dem strategischen Controlling arbeitet, richten sich die Zahlenwerke des Organisations-Controllings darauf, Strukturen und insbesondere Prozesse im Unternehmen zu mehr Effizienz zu führen. Daraus folgend wird Organisations-Controlling häufig auf die

Bezeichnung "Prozess-Controlling" verkürzt.

Den Experten zufolge ist OC noch vor vier Jahren "weder in der Theorie noch in der Praxis im Detail ausgearbeitet worden". Insbesondere fehle es an konkreten Effizienzindikatoren - womit das Problem wie so oft in der Herstellung von Messbarkeit verortet ist. Der schwierige Umgang mit dem Organisations-Controlling zeige sich auch daran, dass es keine überall akzeptierte Definition für OC gebe. Vorgeschlagen wurde darum, OC als "die Gesamtheit der Aufgaben, Methoden und Techniken zur Planung, Steuerung, Überwachung und Kontrolle organisatorischer Veränderungen" zu verstehen. Als ein wichtiger Teilbereich des Organisations-Controllings wird die Überwachung der Einhaltung von Normen ausgemacht, was vor vier Jahren noch als "Conformance-Controlling" bezeichnet wurde. Heute spricht man von "Compliance", was die kurze Dauer nicht allgemein akzeptierter Begrifflichkeiten vor Augen führt. (2)

Green Controlling als Teilbereich des Organisations-Controllings

Um hier nicht weiter völlig im theoretischen Raum zu stochern, kann das praktische Beispiel des Nachhaltigkeits-Controllings herangezogen werden.

Viele Unternehmen wollen als nachhaltig gelten und versuchen hierfür, ökonomisch, ökonomisch und/oder sozial verantwortungsvoll zu handeln. Wie man das Streben nach Nachhaltigkeit in ein Controlling-System überführen könnte, ist dabei oft noch nicht klar. Wenn aber ein Unternehmen alle Prozesse, Produkte und Strukturen auf den ökologischen Prüfstand stellt, wird deutlich, dass Green Controlling zum Organisations-Controlling hinzugezählt werden darf.

Derzeit zeigt sich, dass ein Controlling der Beschaffungs-, Investitions- und Innovationsprozesse eines Unternehmens gut mit der Kontrolle des CO_2-Ausstoßes verbunden werden kann. Im Hinblick auf Controlling und Unternehmenssteuerung stellen sich dabei mindestens drei zentrale Herausforderungen: die Messung von Emissionen sowie von nachhaltigkeitsinduzierten Kosten und Erlösen, die Integration des Nachhaltigkeitsgedankens in die Steuerungslandschaft und die effiziente Anpassung des Zeithorizonts der Unternehmenssteuerung. (3), (5), (7)

Trends

Der Controller als Businesspartner

Vielleicht ein Trendsetter in der Anwendung von Controlling-Instrumenten könnte der Armaturenhersteller Hansgrohe sein. Das Unternehmen weist dem Controlling einen hohen Stellenwert für die Unternehmenssteuerung zu und wurde darum vom reinen "Zahlenlieferanten" hin zum Businesspartner des Managements weiterentwickelt. (6)

Fallbeispiele

Controlling im Kreditsektor

Im Kreditsektor sprechen die Experten von der "Gesamtbanksteuerung". Das Führungspersonal von Banken steht seit 2008 besonders großen Herausforderungen gegenüber. Hierzu zählen die Bewältigung der Finanzkrise, die Befolgung neuer Regulierungsgesetze und nicht zuletzt die gewandelten Kundenwünsche. Für Pleitebanken (was sie wären, wären sie nicht vom Staat gerettet worden) wie die Commerzbank und fast alle Landesbanken hat das Risiko-Controlling seitdem einen ganz neuen Stellenwert. Die Deutsche Bank hat es dabei mehr als alle anderen mit der Compliance zu tun. Das Unternehmen hat mit seinen Praktiken insbesondere in den USA gegen gesetzliche Regeln verstoßen und sieht sich nun einer Klagewelle gegenüber. (4)

Weiterführende Literatur

(1) Fehlende Strukturen
aus Financial Times Deutschland vom 27.01.2012, Seite 16

(2) Organisations-Controlling: Konzept, Ausgestaltung, Nutzen
aus ZFO - Zeitschrift Führung und Organisation 01/2008, S.4

(3) Nachhaltigkeit und Controlling: Drei Herausforderungen für die Unternehmenspraxis von Utz Schäffer
aus CONTROLLER Magazin, Heft 6/2011, S. 81-84

(4) Kreditwirtschaft muss enorme Herausforderungen bewältigen Gesamtbanksteuerung bleibt zentrale Führungsaufgabe in Kreditinstituten
aus Betriebswirtschaftliche Blätter, November 2011, Nr. 11, S. 656

(5) Kennzahlencockpits zur Steuerung und zum Monitoring der Standardisierung
aus Zeitschrift für wirtschaftlichen Fabrikbetrieb, Heft 10/2011, S. 741-745

(6) Controlling @ Hansgrohe - Vom Financial Controller zum Business Partner

aus CONTROLLER Magazin, Heft 6/2011, S. 32-37

(7) Sustainable Value in der Unternehmenssteuerung
aus CONTROLLER Magazin, Heft 5/2011, S. 80-85

Impressum

Organisations-Controlling - wichtiger Baustein für die Unternehmenssteuerung?

Bibliografische Information der deutschen Nationalbibliothek

Die Deutsche Nationalbibliothek verzeichnet diese Publikation in der deutschen Nationalbibliografie; detaillierte bibliografische Daten sind im Internet über http://dnb.d-nb.de abrufbar.

ISBN: 978-3-7379-0101-7

© 2015 GBI-Genios Deutsche Wirtschaftsdatenbank GmbH, Freischützstraße 96, 81927 München, www.genios.de

Alle Rechte vorbehalten. Dieses Werk ist einschließlich aller seiner Teile – z.B. Texte, Tabellen und Grafiken - urheberrechtlich geschützt. Jede Verwertung außerhalb der Grenzen des Urheberrechtsgesetzes bedarf der vorherigen Zustimmung des Verlags. Dies gilt insbesondere auch für auszugsweise Nachdrucke, fotomechanische

Vervielfältigungen (Fotokopie/Mikroskopie), Übersetzungen, Auswertungen durch Datenbanken oder ähnliche Einrichtungen und die Einspeicherung und Verarbeitung in elektronischen Systemen.